Lothar Späth.

Impressionen · Texte · Bilder.

BONN AKTUELL

Edition Dr. Brodbeck & Maier

Die Zeit fürs Private ist rar und wertvoll: Lothar Späth schöpft neue Kraft aus den freien Stunden mit seiner Familie, mit Frau Ursula und den Kindern Daniela und Peter.

Beim Wandern im Hochschwarzwald.

Lothar Späth auf dem Bietigheimer Tennisplatz.

Umtriebig sogar im kanadischen Urlaub.
Bisweilen als Chefkoch – und immer auf dem Laufenden.

Ehefrau Ursula beim Frühstück im Grünen.

Lothar Späth im Kreis der Familie . . .

. . . am Stammtisch und beim Straßenfest.

Dem Spiel und dem Sport zugewandt.

Lothar Späth mit der Tänzerin und Ballettchefin Marcia Haydée in der Stuttgarter Oper…

. . . und mit Gerhard Mayer-Vorfelder, dem Kultusminister des Landes Baden-Württemberg und VfB-Präsidenten.

Rechts: Beim Narrensprung in Rottweil.

Kein Landesvater – vielmehr ein Sohn des Landes.

von Sibylle Krause-Burger

Den tiefen christdemokratischen Ernst eines Gebhard Müller hat er nie angestrebt. Kurt Georg Kiesingers Darstellungskunst, seine halbkönigliche Staatsführung, seinen Glanz wird er und will er wohl nicht erreichen. Er kultiviert weder Filbingers, des gelernten Verwaltungsjuristen seismographische Empfindsamkeit für die Ministerialbürokratie, noch übt er sich in dessen jovialer Distanz zu den Bürgern. In der Reihe der christdemokratischen Ministerpräsidenten Baden-Württembergs ist Lothar Späth der modernste.

Während seine Vorgänger, persönlich und politisch, aus älteren demokratischen Zeiten stammten, während sich jeder von ihnen – und natürlich auf die jeweils eigene Weise – an Vorgegebenem orientierte, an Glaubenssätzen, Konventionen, Gruppengelöbnissen, an den aus Weimar oder den frühen Jahren der Bundesrepublik überkommenen hoheitlichen Verhaltensweisen, zeigt Lothar Späth in dem, was er sagt, wie in dem was er tut, die schiere Beweglichkeit.

Gebhard Müller war viel eher ein Mann der Partei und von juristischer Treue. Kurt Georg Kiesinger schien allein vom Auftreten sowie von seinen anspruchsvollen bildungsbürgerlichen Neigungen her der geborene Christdemokrat zu sein. Und obwohl er später als Kanzler einer großen Koalition in Bonn regierte, ließ er doch keinen Zweifel aufkommen an den ursprünglich und dauerhaft konservativen Schwingungen seiner Person. Darin stand er seinem Nachfolger, dem katholisch-kämpferischen Hans Karl Filbinger gewiß nicht nach.

Aber Lothar Späth, der mittlerweile auch bald auf ein Jahrzehnt seiner Amtszeit zurückschauen kann und somit mehr als gestanden ist in diesem Gewerbe, fällt doch nach wie vor und geradezu mit Leidenschaft aus den vorgegebenen Rollen.

Die Zukunft ist sein Elixier.

Nicht aus tradierten Bindungen schöpft er Kraft, nicht die Ziele der Väter oder Großväter bringen ihn auf seinen Weg – die Zukunft ist sein Elixier. Er unterwirft sich nicht dem, was vorgegeben ist, – er entwirft, rechnet, arrangiert, kombiniert. Dabei ist die Politik keineswegs – wie bei so vielen Berufsparlamentariern, Berufsministern, Berufsmächtigen – der Humus, auf dem allein er gedeihen und Erfolg haben kann. Weder ist er ihr Opfer, noch ist er ihr völlig verfallen. Nur bietet sie ihm, wie kein anderer Arbeitsort, beständigen Wandel und tägliche Herausforderung. Auf diesem Feld findet der Spieler Späth die schwierigsten Aufgaben und die schönsten Siege, schiebt er Fakten und Figuren unablässig hin und her. Hier erfährt er Bestätigung; hier ist er glücklich in seiner Lieblingsrolle als Löser des Unlösbaren, als unschlagbarer politischer Erfinder.

Daß er sich reichlich unabhängig gibt, als niemandes Herold und schon gar nicht als Prediger auftritt, daß er – wie er oft und gern eingesteht – von der »reinen Lehre« nicht viel hält, daß er sich programmatisch so schwer ein- und zuordnen läßt, daß er für sich und seine Ideen mehr als für seine Partei steht: es wird ihm als Schwäche angekreidet im Verbund der Christdemokraten. Aber es macht auch seine Stärke aus.

Ohne Begabung zum Größenwahn.

So offen – und die »Toleranz« zählt er bewußt zu seinen besten Eigenschaften – ist er weit mehr als es ein handfester Gesinnungspolitiker je sein könnte, für die Anhänger aller Parteien wählbar: ein Schwabe, einer wie es so viele gibt in diesem Land, – einfallsreich, mit einer lebhaften Intelligenz, weltoffen, aber auch den ländlichen Idyllen verhaftet, ein kühler Rechner und doch nicht unbedingt ein kalter Karrierist, umtriebig und gleichzeitig beschaulich, an Skat, aber auch an Kunst interessiert, erfolgreich und dennoch ein bißchen bescheiden, ohne Begabung zum Größenwahn. Kein Landesvater, ein Sohn des Landes viel mehr.

Erzwungen ist daran wenig. Lothar Späth kommt nicht nur als ein Jedermann daher, er ist es auch. Aber dies keineswegs aus der Kraft eines schauspielerischen Talents. Sein Normalmaß, seine Natürlichkeit, der Alltagston, über den er in jedem Gespräch verfügt, – das alles ist ihm von Haus aus eigen.

Die Leute schauen deshalb auch wie selbstverständlich nicht zu ihm auf, sie sehen hinüber. Als einer der ihren erscheint er ihnen und – sofern sie aus seiner Generation stammen – gleichsam als Kind aus ihrer Klasse, ihrer Zeit, ihrem Milieu, aus jener pietistisch geprägten Umwelt, die schon immer auf Bescheidenheit des Sinnes und der Lebensführung sah. Von dort aus – gemeint ist das schwäbische Unterland, die Gegend zwischen Ludwigsburg, Pforzheim und Heilbronn, wo auch Theodor Heuss herstammt – konnte einer sehr wohl tüchtig, aber nur schwer überheblich werden.

Lothar Späth, 1937 in Sigmaringen geboren und vom vierten Lebensjahr an in Ilsfeld aufgewachsen, ist gewiß ein Sproß dieser Landschaft – mit ihren winkligen Fachwerkgassen, den Weinbergen, Obstgrundstücken und parzellierten Feldern. Die großen Güter und folglich auch die großen Reichtümer sind hier selten, dafür gibt es reichlich kleine Bauern und Weingärtner und manche Fabrik im Hinterhof. Oft ist man hier fromm, immer aber fleißig, ein bißchen wohlhabend und freimütig. In diesem Revier haben die Freien Demokraten ihre größten Wahlerfolge erzielt. Und der wendige, wuselige Späth, selbst im Herzen ein Liberaler, ist hier geprägt, hier auch zuerst erfolgreich gewesen.

Einer aus der Nachkriegsgeneration.

Baden-Württembergs Ministerpräsident ist aber ebenso ein Angehöriger der Nachkriegsgeneration: er hat deren Freude am Aufbauen, Gestalten, Nachvorneschauen; er besitzt ihren Pragmatismus und Optimismus, und nicht zuletzt: auch als Endvierziger wirkt er immer noch so ungesättigt, so hungrig nach Neuem, nach Abenteuer, nach Entwicklung.

Aus den Gründerjahren der Republik rührt wohl zudem seine Aufmerksamkeit für alles, was auf der anderen Seite des Atlantik geschieht. Wo man damals, in den fünfziger Jahren Fortschritt, Freiheit und Demokratie, ja vielleicht sogar das gute, das richtige Leben an sich suchte und beheimatet wußte, da erkennt er noch heute die Kraft und den Keim des Künftigen.

Bei allem Urschwäbischen in Lothar Späth, er hat – nicht in seiner Art, aber in seinen Handlungen – auch etwas Amerikanisches an sich. Derart vorurteilsfrei wie er politische Probleme angeht, die Nase im Wind und stets die neuesten Trends erschnuppernd, aufs Praktische und auf Wirksamkeit eingestellt, gleicht er weniger einem klassischen Berufspolitiker der Alten Welt als einem Manager des politischen Geschäfts.

Große Worte sind ihm fremd.

Wenn Eitelkeit zu den unabdingbaren Eigenschaften in seinem Gewerbe zählt, so ist Baden-Württembergs Ministerpräsident nur aus Versehen hineingeraten. Lothar Späth hat schlicht keine Ahnung davon, wie man sich mit Gesten, Körperhaltungen oder einer geschickt modulierten Ansprache in Szene setzt. Vielleicht hält er selbst seine Erscheinung nicht für eindrucksvoll genug, daß sie den rein äußerlichen Aufwand lohnend machte. So kommt er immer nur als er selbst daher, kein Star, kein Serenissimus, kein Sonntags-Redner. Große Worte sind ihm fremd, dafür sprudelt er unentwegt – und darin seinen Gedanken oft ganz erlegen, bisweilen sogar atemlos und bis zur Stimmbrüchigkeit gesteigert – einfache Sätze, Ideen, Fakten, Assoziationen hervor.

Locker wie seine Art ist auch sein Gang. Er lacht viel, aber nicht, weil sich das gut macht, er lacht nur, weil er so oft lachen muß, lacht sogar – eine Rarität unter Politikern – gern über sich selbst. Auf den ersten Blick wirkt er wie einer, dem alles im Leben ohne Anspannung zugefallen ist: die Zuneigung und Zuwendung anderer, der berufliche und der politische Erfolg. Weshalb also sollte er anders erscheinen als er ist?

Mit dem chinesischen Ministerpräsidenten schlenderte er im Ludwigsburger Schloß durch eine schwarzgekleidete Herrengesellschaft zu Tisch, als käme er mit einem alten Freund zum Bierabend beim Bietigheimer Fußballclub. Mit der holländischen Königin plaudert er so ungeniert wie mit seinen Vertrauten aus dem Stuttgarter Staatsministerium. Vor Professoren macht er so wenig Kotau wie vor dem anspruchsvollen Ex-Bundeskanzler Schmidt oder dem noblen Präsidenten aus der Villa Hammerschmidt.

Und doch lassen die tief eingekerbten Wichtigkeitsfalten über seiner Nase und der schmallippige Mund auch die schmerzhaftesten Anstregungen erahnen. Er schaut pfiffig, herausfordernd, sieghaft blitzend in die Welt, aber zwischendrin zieht er sich sichtbar hinter einen verletzten, fast ängstlichen Blick zurück.

Von all dem, von seinen Widersprüchen und von einem gewissen Heinz-Rühmann-Charme, hat er in den langen Jahren seiner Amtszeit nichts verbogen und nichts verloren. Weder ist ihm zu Kopf gestiegen, daß er an die Spitze kam und sich dort so ausdauernd hält. Noch hat ihn verdorben, was kaum einer unter Seinesgleichen ohne abzuheben übersteht: die Dienstfertigkeit eines gut geölten Apparats von Fachbeamten, das Türenaufhalten, Kofferschleppen, Zuarbeiten, Liebedienern.

Gegen die Verehrungsbereitschaft von Wählermassen scheint er ebenso gefeit wie gegen das überbordende Interesse der Medien. Er nimmt es offenbar hin, ohne davon gefährlich bewegt oder gar erregt zu sein, daß man ihn auf Händen trägt, daß Kameralinsen auf ihn gerichtet sind, daß sein Name in aller Munde und in allen Zeitungen ist.

Im Dauerlauf durch die Stunden.

Wie schafft er das, ohne Priester, ohne Kasteiungen, ohne sich täglich Asche aufs Haupt zu streuen? Und auch: ohne drohende Wahlniederlage? Es muß mit seiner Ungeduld zu tun haben, mit seiner Neugier – die er »meine positivste Eigenschaft« nennt – mit der Unruhe in seiner Person. Lothar Späth hat nicht nur keinen Blick für Vergangenheiten, schon die Gegenwart, kaum gelebt, erscheint diesem Mann, der wie im Dauerlauf durch seine Stunden eilt, sogleich veraltet.

Er ruht sich auf nichts aus, auf keinem Erfolg und keiner Zuwendung. Von allem, was ihm zuwächst und was er sich erarbeitet, bleibt ihm offenbar wenig. Es hält nicht vor. Er muß es stets aufs Neue erringen, muß noch mehr hinzutun, muß sich dem Morgen widmen, damit er, immerhin, ein Stück vom Heute festhalten kann.

Diese Eitelkeit der Tat, wenn man so will – also nicht der Person – ist es, die all seine Kräfte, seine Talente hervorlockt, die ihn sensibel für jede Veränderung, jede Entwicklung, jedes neue Thema macht. Nur nichts auslassen, nichts übersehen, nichts versäumen. Handeln heißt Späths Devise. Und natürlich ist er darin auch ein Zögling der Zeit, einer Epoche der schrecklich schnellen Verwandlung aller Produktions- und Lebensweisen. Aber seine, Späths, höchstpersönliche Unrast treibt ihn eben auch.

Woher also kommt sie? – Das Milieu, aus dem er stammt, könnte auch bezähmend, einengend auf ihn gewirkt haben. Der Vater, ein Lagerverwalter bei der WLZ, der Württembergischen Landwirtschafts-Zentrale von Ilsfeld, war kein bequemer Mann. Als starrer, als »strenger« Erzieher hat er sich eingeprägt. Sein Leben verlief in vorgeplanten und stets eingehaltenen Bahnen. Er stand früh auf, trank abends sein »Viertele« und war nur ausnahmsweise einmal bereit, mit der Frau, dem

Sohn und der erstgeborenen Tochter einen Ausflug ins nahegelegene Heilbronn zu unternehmen oder gar zum »Vespern« einzukehren.

»Bockig« und »aggressiv« sei er gewesen, erinnert sich Lothar Späth an seine Einstellung gegenüber dem Erzeuger. Er hat ihm wohl nicht viel recht machen können und versuchte sich beim CVJM als Organisator zu bewähren, oder bei den Pfadfindern Freiräume zu erkämpfen.

Auch in einer Begeisterung fürs Radio-Basteln konnte er seine Phantasie, seine Energie, konnte er einen Teil seiner jugendlichen Kraft austoben. Die Mutter – er beschreibt sie als von »hoher Herzensgüte« – unterstützte ihn darin. Zu dieser geradlinigen und frommen Frau hat er bis auf den heutigen Tag ein gutes Verhältnis. Von ihr kam alle Wärme, alles Verständnis und eine offenbar ganz uneigennützige Zuwendung.

Wenn ihn möglicherweise der Vater zurechtzustutzen versuchte, wenn aus dessen Unbeugsamkeit jene, vielleicht uneingestandene, innere Gewißheit des Sohnes herrührt, daß er niemals ganz genügen kann und sich rastlos weiter bemühen muß, so hat er der Mutter wohl das schöne Gegengewicht von Fröhlichkeit und Sicherheit zu verdanken. Sie will, so sagt sie heute, schon früh erkannt haben, daß »ebbes Besonders« an dem Jungen war, und es nimmt sie auch nicht wunder, daß er so weit vorangekommen ist.

Eine Entwicklung ohne Sensationen.

Den Betreuern im Kindergarten fiel er auf, weil er zu lebhaft zu sein schien, und sie rieten den Eltern, ihn möglichst schnell auf die Schule zu schicken. Dennoch setzte niemand einen außergewöhnlichen Ehrgeiz in seine Entwicklung. Lothar Späth wurde nicht angetrieben und auf Glanzleistungen verpflichtet. Seine schulische Entwicklung verlief denn auch ohne Sensationen.

Nach den vier Grundklassen ging er weitere vier Jahre auf die Oberrealschule im sechs Kilometer entfernten Beilstein. Da kein Bus und keine Bahn fuhr, legte er den Hin- und Rückweg zu Fuß zurück. Nach weiteren zwei Jahren, die er auf dem Gymnasium in Heilbronn verbrachte, gab er – die Mittlere Reife in der Tasche – auf und begann als Rathauslehrling eine erstaunliche Laufbahn in der kommunalen Selbstverwaltung.

Schmidhausen und Gronau hießen die beiden Teilorte, für die seine Ausbildungsstelle zuständig war. Als »Stift« wurde er überall gebraucht, sauste auf seinem Fahrrad hin und her, hatte mit allem und jedem zu tun, zumal der Schultes selbst nur an zwei Tagen in der Woche die Geschäfte führte. »Da kam alles auf mich zu, was in einer Gemeinde passiert«, sagt Lothar Späth und erinnert sich, wie er Gräberlisten anlegte, die Bodenbenutzung ermittelte und wie er sogar einmal, als der Bürgermeister unterwegs aufgehalten worden war, eine Gemeindeamtssitzung leitete. Der Chef hatte ihm ganz einfach telefonisch die Anweisung erteilt: »No fang'sch halt amol ao.«

Tatsächlich war der Stift in jenen Jahren und in solchen Kleinstgemeinden oft der einzig sachkundige Stellvertreter des Bürgermeisters.

Morgens um acht Uhr fing die Arbeit an, um acht Uhr fünf stand schon der erste Bürger auf der Schwelle des Büros. Da hatte man sich um Fragen des Baurechts und der Rentenversicherung, um Sozialhilfe oder den Lastenausgleich zu kümmern, um steuerliche Probleme und nicht zuletzt um den Jahresabschluß der Kommune.

Im Laufe dieser einzigartigen Ausbildung, die gründlicher ist und länger dauert als in anderen Bundesländern – sie führte Lothar Späth auch auf das Landratsamt in Bad Mergentheim und zur Stadtverwaltung von Giengen an der Brenz – lernte er den unmittelbaren Umgang mit den Menschen und ihren kleinen Sorgen.

Außerdem bekam er über die im Rathaus zwangsläufig gesammelten Daten – beim Standesamt, aus den Grundbüchern, den Straflisten, den Rentenakten – eine ungemein genaue Information über die Lebensverhältnisse der Bürger. Und schließlich: In den wöchentlichen Sitzungen des Gemeinderats konnte er, am Beispiel der hocherfahrenen und geschickten Schultheißen, studieren, wie man Verhandlungen führt, wie man einschüchtert, und das Gespräch mit dem angestrebten Ergebnis abschließt.

Das politische Handwerk von Grund auf gelernt.

Lothar Späth hat das politische Handwerk also von Grund auf gelernt. Im Gegensatz zu den Staatsbeamten, die mit Problemen eher rechtstechnisch als personenbezogen umgehen, erlebte er – und wirkte daran mit – daß Entscheidungen nicht nur getroffen, sondern sogleich in praktische Handlungen umgesetzt werden mußten.

Viel schneller als im Land oder erst recht im Bund zeigt sich im Alltag einer Rathausverwaltung ja auch, was falsch läuft. Der Handelnde erhält sogleich ein Echo, er wird korrigiert und kritisiert. »Der große Vorzug der Kommunalpolitik«, so hat Manfred Rommel, der Stuttgarter Oberbürgermeister und frühere Staatssekretär im Finanzministerium, der also beide Ebenen aus eigener Erfahrung kennt, einmal gesagt, »liegt in der unmittelbaren Berührung mit der Praxis, jener unbestechlichen Lehrmeisterin.«

Auf der staatlichen Verwaltungsschule in Stuttgart, der renommierten Nachwuchsschmiede für den Mittleren Dienst des Landes, von der es heißt, sie bilde in etlichen Bereichen gründlicher aus als die juristischen Fakultäten, holte sich Lothar Späth auch noch das theoretische Rüstzeug.

Jetzt, im Alter von 23 Jahren, hatte er die Gesetze des Landes studiert, im Umgang mit den Bürgern war er geschickt, Finanzen wußte er zu verwalten; er hatte gelernt, Gruppeninteressen wahrzunehmen, aufzufangen und gegeneinander abzuwägen und er konnte sich durchsetzen: mit seiner »Schwertgosch«, aber mehr noch mit präzisen Kenntnissen, mit Zahlen und einer stets wachen Präsenz.

Phantasie, Fleiß und ein gutes Gedächtnis.

Natürlich muß er schon früh gespürt haben, daß er vieles ein bißchen besser konnte als andere, daß er über besondere Talente verfügt, nämlich eine schnelle Auffassungsgabe, Phantasie, Fleiß, Flexibilität und ein außergewöhnlich gutes Gedächtnis. Doch wenn er sich seiner Möglichkeiten tatsächlich gewahr war, fing er doch erst einmal bescheiden an, gab den Plan, das Abitur nachzuholen und Jura zu studieren, auf und griff brav zu, als ihm die Stadt Giengen eine Inspektorenstelle anbot.

Von diesem Verzicht sind ihm aber wohl doch Wunden geblieben. Oder wie anders als aus dem Gefühl, er selbst habe jene besonderen Weihen versäumt, läßt sich erklären, daß es in Lothar Späths Umgebung an herausragenden Persönlichkeiten und brillanten Intelligenzen fehlt, daß er seines Mißtrauens gegenüber der Ministerialbürokratie nie ganz Herr zu werden vermochte?

1960 wechselte Lothar Späth zur Finanzverwaltung im Bietigheimer Rathaus über und nahm dort den Anlauf zu einer ebenso schnellen wie steilen Karriere. Ein Jahr später stand er schon an der Spitze einer gemeinnützigen Wohnbaugesellschaft und flog, wie er sich strahlend erinnert, in deren Auftrag »in der Welt herum«. 1965 wurde er Finanzreferent der Stadt, und 1967 regierte er sie bereits als ihr Bürgermeister mit. Daneben blieb ihm noch Kraft und Zeit für sein Interesse am Wohnungsbau.

1970 avancierte er zum Chef der »Neuen Heimat Baden-Württemberg«, und drei Jahre später gehörte er ihrem Hamburger Verbandsvorstand an. Zwei Jahre lang, von 1975 bis 1977, saß er auch im Vorstand des Stuttgarter Bauunternehmens C. Baresel AG. Auf seine Kenntnisse aus der kommunalen Selbstverwaltung häufte er damals noch unternehmerische und gewerkschaftliche Erfahrungen. Und was sich hinzugesellte: Er kam auch mit Unternehmern, Betriebsräten oder Funktionären, also mit immer mehr Menschen in Berührung, ein Kapital, von dem er als Ministerpräsident noch zehrt.

1968 Abgeordneter im Stuttgarter Landtag.

Während er sich derart neben seiner Aufgabe als Bürgermeister in der freien Wirtschaft tummelte, war er längst auch ins politische Geschäft eingestiegen. Es lag auf der Hand, daß er dort, wo alle Fäden zusammenliefen, daß er also im Zentrum aller Entscheidungen, des Sichregens, des Bewegens, sein mußte.

So trat er 1967 bei der CDU ein, ersparte sich die übliche Ochsentour und eine Menge Zeit. Und natürlich saß der Unaufhaltsame 1968 bereits auf einer Abgeordnetenbank im Stuttgarter Landtag.

Vier Jahre lang tat er dort einen schlichten aber doch unübersehbar wirkungsvollen Dienst, dann wurde er – gerade 34 Jahre alt – zum Fraktionsvorsitzenden gewählt. Auch hier wußte der Praktiker Späth sehr genau, was er zu tun und was er zu lassen hatte. Es gelang ihm, sich gegen Filbingers Arroganz der Macht als kecker David abzusetzen und zu profilieren. Zwar stützte er den Ministerpräsidenten wo er ihn stützen mußte und brachte gleichzeitig das Kunststückchen fertig, nicht als Statthalter, als Steigbügelhalter, sondern als der eigentliche Oppositionsführer und bisweilen auch als der wahre Repräsentant des Bürgerinteresses dazustehen.

Die Rolle, in der er soviel Freiraum und ein so großes Bündel politischer Möglichkeiten fand, gefiel ihm so gut, daß er sich zwei Jahre lang dagegen wehrte, das Innenministerium zu übernehmen. Schließlich, es war 1977, als der Regierungschef nach den Stammheimer Selbstmorden sein Kabinett umbilden mußte, ließ Lothar Späth sich doch auf das hohe Amt und die Disziplin einschwören. Aber er machte auch keinen Hehl daraus, daß dies nur eine Interimsaufgabe sein sollte.

Ministerpräsident von Baden-Württemberg.

Im Sommer 1978, als Karl Filbinger zurücktreten mußte, war es dann soweit. Lothar Späth, der kaum daß er ein Ziel erreicht hat, schon das nächste ins Visier nimmt, schlug seinen Rivalen um die Kandidatur für die Nachfolge des Regierungschefs. Mit 42 zu 27 Stimmen votierte die CDU-Landtagsfraktion für ihren Vorsitzenden und gegen Manfred Rommel. Lothar Späth, der Mann mit der Bodenhaftung, hatte – was ihm natürlich auch leichter fiel, weil er näher dran war – das Terrain besser vorbereitet als der bedächtige und zurückhaltende Publikumsliebling Manfred Rommel. Am 30. August 1978 wurde Lothar Späth, noch nicht 41 Jahre alt, zum Ministerpräsidenten von Baden-Württemberg gewählt.

Ein Jahrzehnt bald ist er nun im Amt. So wenig er in seinen grundsätzlichen Einstellungen mit den Vorgängern gemeinsam hat, so wenig gleicht sein Regierungsstil dem ihren. »Die Hälfte der politischen Führung heißt Beschreiben des Zukunftswegs« sagt er und erinnert sich, daß er in den ersten Jahren der Amtszeit eine Menge Zeit damit vertan hat, seine Person unter die Leute zu bringen.

Heute gibt er längst nicht mehr so viele Pressekonferenzen wie damals, er schickt auch weniger Anweisungen hinaus, mischt sich seltener in den alltäglichen Kleinkram. Lothar Späth baut auch kaum noch auf die schnellen Aktionen –, »Wenn man mal auf die Nase gefallen ist, wird man viel vorsichtiger« –, und er weiß: »Das Erfolgspotential, das aus langfristigen Überlegungen kommt, ist viel stabiler.« Der Ministerpräsident muß im Lande nicht mehr allgegenwärtig sein, er muß nicht alles anstoßen.

Nachdem er, wie er selbstzufrieden ausstreut, die »große Ziellinie, nämlich das Industrieland Baden-Württemberg« vorgibt, sollen andere selbständig handeln. Als »idealen Minister« bezeichnet er den, der nach wenigen Vorhaben einen eigenen Stil und die eigene Reputation findet, der Kompetenz in der Sache nachweist und loyal zum Chef arbeitet. Vom »idealen Beamten« verlangt er, daß er »mit Überzeugung und Energie das macht, was politische Konzeption ist; er soll schauen, wie er es umsetzt und nicht die Schwierigkeiten des Problems herausklauben und dem Politiker den bequemen Bürokratenrat geben, die Finger davon zu lassen.«

Nach reichlich Regierungserfahrung und weil die Arbeit daheim im Ländle läuft, weil seine Leute jetzt wissen, wo es lang geht und er weniger Reibungsflächen vorfindet als noch vor Jahren, kurzum, weil der Apparat ganz auf ihn eingestellt ist, kann Lothar Späth seine Neugier mittlerweile gefahrlos über Landes- und Bundesgrenzen hinaus ausdehnen.

Reist für den baden-württembergischen Erfolg.

Er reist also nach China und Moskau, nach Amerika und Japan, nach Brasilien und Südostasien, er reist für den baden-württembergischen Erfolg und das baden-württembergische Selbstbewußtsein, knüpft Handelsbeziehungen, sammelt Eindrücke und Informationen, sammelt wieder einmal Bekanntschaften, Freundschaften, Beziehungen. Und obwohl ihm das »Battschett« (gemeint ist das Budget), oder sein »Ogaschmo« immer noch so ungemein schwäbisch von den Lippen kommt, obwohl er den Staatsmann nach wie vor nicht ganz glaubhaft über die Rampe bringt, ist er doch derart weit draußen schon fast so sicher wie daheim.

Daß sich sein Revier, daß sich Baden-Württemberg, wie er Triumphblicke abschießend gern verkündet »mit immer größerem Abstand zum Rest der Republik nach vorn bewegt« – es wird dem Unruhigen auf Dauer kaum genügen. Er wird sich nicht damit bescheiden, daß es in der von ihm regierten Region so gut wie keine Arbeitslosigkeit und den höchsten Grad der Industrialisierung gibt, daß Baden-Württemberg als reichstes Bundesland »alles finanziert«.

Lothar Späth will auch den bisherigen Erfolg sichern und also gestattet er sich die Vision einer Forschungslandschaft, in deren Zentrum ganz unbezweifelbar der Südwest-Staat und sein vorwärts drängender Regierungschef den Ton angeben.

»Wir brauchen einen Punkt der ausstrahlt«, sagt er und läßt die schönsten Möglichkeiten im Eiltempo an sich und seinen staunenden Zuhörern vorbeiziehen. »Wenn Sie sich mal 'ne Forschungskette vorstellen, die den Schweizerischen, den Süddeutschen und Elsässer Raum mit einbezieht...«; »wenn Frankreich-Deutschland läuft, dann läuft Benelux mit...«; Ja, dann kann es die Region mit den größten Zentren in den USA aufnehmen, dann muß aber auch der Staat eine Infrastruktur bereitstellen, dann muß ein anderes Steuerrecht, dann muß eine neue Verkehrspolitik her, dann muß, dann muß...

Schreckt vor keiner Aufgabe zurück.

Wenn er für sein Land so weit vorausschaut und auch das Notwendige, das ihm Mögliche in der Praxis anregt: was plant er für sich, für seine persönliche Zukunft? Wie weit greifen seine Karriereträume jetzt? Beständig angestoßen, herausgefordert wie er sich nun mal fühlt, schreckt er gewiß vor keiner Aufgabe zurück. Aber ohne zu drängeln, ohne Verkrampfung und Verbissenheit und mit dem Spaß dessen, der nichts Besonderes nötig hat, weil er alles zu können glaubt, betrachtet er die Diskussion über seine weitere Entwicklung und die der Republik.

Den Bonner Anspruch melden andere an, er hält sich vergnügt zurück, baut seine Position über Sachfragen aus, übt sich weiter in der Durchsetzung machbarer Problemlösungen, sammelt außenpolitische Erfahrungen und sorgt immer wieder für jene »Ich-bin-all-hier-Überraschungen«, wenn andere gerade in den Startlöchern scharren; denkt auch laut darüber nach »wie die Menschen 1994 leben«, erlaubt sich also, dieser in der Wolle gefärbte Pragmatiker, sogar ein paar Trockenübungen im Grundsätzlichen.

Da Lothar Späth immer auf irgendeinem Sprung ist, lockt ihn gewiß der Sprung nach Bonn; da er weiß, wie man taktiert, plant, rechnet, schlau Rücksichten nimmt und sich am Ende doch durchsetzt, muß es ihn einfach reizen, seine Kenntnisse, seine Erfahrungen, sein politisches Talent im Zentrum des Geschehens, in der Bundeshauptstadt zu beweisen. Wer so viele Siege durchlaufen hat, wird sich den letzten, den schönsten, den am schwersten zu erringenden kaum schenken wollen. Aber das mächtigste Amt, wenn es nicht Gerhard Stoltenberg oder einem Sozialdemokraten, sondern tatsächlich ihm eines Tages offenstünde, muß ihn auch schrecken.

Am Rhein, wie nirgendwo sonst in den politischen Gefilden der Republik, gehören Ranküne und gefahrvolle Rivalität zum Regierungsalltag. Hier steht die Niederlage schon Pate bei jedem Sieg; hier halten Erfolge nur kurz vor; hier braucht einer ein breites Kreuz und einen langen Atem.

Im Kanzleramt wäre der Reitzensteiner gewiß um einen guten Teil seiner Bewegungsfreiheit, seines Handlungsspielraums und um das Ausleben seiner politischen Phantasie gebracht. Da mag es am Ende genügen, daß er mit dem Bonner Ziel kokettiert, daß er sich davon anregen und so dauerhaft beleben läßt.

Ein Manager des politischen Geschäfts, – als Bürgermeister in Bietigheim, 1968:

Drinnen am Schreibtisch …

… draußen in der Stadt.

Als Abgeordneter und CDU-Fraktionschef im baden-württembergischen Landtag, 1974:

Mitte: Mit dem damaligen Pressesprecher Matthias Kleinert und Camill Wurz (rechts) während einer Fraktionssitzung.

Unten: Mit den Kollegen Dr. Johann Peter Brandenburg (FDP) und Walter Krause (SPD).

Um Wähler werbend unter Bürgern.

Oben: Pressekonferenz nach der Entscheidung der CDU-Landtagsfraktion für Lothar Späth.

Rechts: Vereidigung am 30. 8. 1978.

Lothar Späth und seine Vorgänger im A

Ministerpräsidenten unseres Landes: Dr. Kurt Georg Kiesinger, Dr. Hans Filbinger und Prof. Dr. Gebhard Müller.

Nächste Seite:
Das Kabinett tagt. Die Runde der Minister in der Villa Reitzenstein in Stuttgart.

Nach der Wahl im Foyer des Stuttgarter Landtags.

Erfolgreich mit und für Lothar Späth: Staatssekretär Matthias Kleinert, Regierungssprecher und engster Berater.

Sitz auf der Regierungsbank.

Sprecher und Sprachrohr des Landes im Bundesrat.

Stimme im Landtag.

Im Vordergrund Bonner Themen – an der Seite von Helmut Kohl.

Aug' in Aug' mit Helmut Schmidt (in der Mitte SPD-Fraktionsschef Ulrich Lang).

Alltag mit Aktenstudium im Büro der Villa Reitzenstein.

Im Verbund der »Südstaatler«.

Im Verein der »Landesfürsten«.

Reisen mit Lust und Last.

von Hans Blickensdörfer

Residenz des deutschen Botschafters in Moskau, Jörg Kastl, an einem kühlen Märzabend 1985. Man trägt noch den gefütterten Mantel, und draußen in den monotonen neuen Wohnvierteln der Hauptstadt türmen sich immer noch Berge von schmutzigem Eisschnee, aber man ahnt sie nicht in der blankgefegten Straße vor der alten zaristischen Nobelvilla.

Der Botschafter gibt einen Empfang für Lothar Späth und sein Gefolge, das nicht nur von der Zahl her stattlich ist. Das Stuttgarter Ballett vertritt die Kultur, und nicht weniger hochkarätig ist die wirtschaftliche Prominenz.
Nie hat Baden-Württembergs Wirtschaft sich in einem bedeutenderen Schaufenster präsentiert als hier in Moskau, und es zeichnet sich ein Erfolg ab, der die optimistischsten Erwartungen übertrifft.

Glänzend auf dem russischen Prüfstand behauptet.

Der Ministerpräsident weiß, daß die Russen beeindruckt sind. Er hat von seinem Messe-Rundgang Beweise dafür mitgenommen, die so wenig trügen wie die Leistungsfähigkeit seiner mittelständischen Betriebe. Sie hat sich glänzend auf dem russischen Prüfstand behauptet, und die Auftragsbücher der Aussteller beweisen es.

Auch ihre Gesichter. Was sie gemacht haben, ist alles andere gewesen als das, was der Schwabe einen Metzgersgang nennt. Man spürt Zufriedenheit und ein Zusammengehörigkeitsgefühl, das unter Geschäftsleuten nicht reine Selbstverständlichkeit ist. Die deutsche Enklave inmitten der sowjetischen Hauptstadt trägt natürlich auch dazu bei. Wirklich, ein außergewöhnlicher und festlicher Abschluß eines guten Tages.

Lothar Späth partipiziert an der guten Laune. Schließlich kann er sich mit legitimem Stolz als ihr Initiator fühlen.
Aber wer scharf hinsieht, entdeckt einen Hauch Einsamkeit. Irgendetwas, das ihn unterscheidet von der allgemeinen Zufriedenheit. Gut eignet sich der Sport, um es zu erklären: Die Geschäftswelt hat ihr Spiel gewonnen, das Resultat steht. Aber für Späth geht's weiter. Er ist mit einem 1:0-Halbzeitvorsprung in die Kabine gegangen, und das ist bekanntlich kein Ruhekissen.

Sicher, die geglückte Ausstellung hat ihm geholfen. Es war gut und geschickt, sie zu kombinieren mit seinem achttägigen Besuch, der ihn als Bundesratspräsident zu Gesprächen mit hochangesiedelten sowjetischen Politikern nach Moskau und Kiew führt.
Nach der Industrie des Bundeslands muß er nun selbst auf den Prüfstand steigen. Und das ist etwas ganz anderes.

Man kennt seine Reisefreudigkeit ebenso wie seine von keinen Hemmungen getrübte Lust an der Konfrontation, die er mit mehrgleisigem Denken zu würzen pflegt, und auf eine stattliche Zahl käme man bei den Gesprächspartnern, deren nächsten oder gar übernächsten Gedankengang er erahnt und dann den trockenen Konter in eine völlige Ahnungslosigkeit hineinstößt.

Aber wenn man hineinfahren soll in die kühle und majestätische Wucht des Kreml, um in der ockergelben Machtzentrale des Obersten Sowjet auf den Prüfstand gestellt zu werden, fühlt man sich nicht als leichtfüßiger Springinsfeld.
Und auch ausgeschlafen sollte man sein. So wenigstens stellt man sich das vor, aber dieser Lothar Späth ist nicht einzuordnen in bürgerliche Gepflogenheiten, und sein Terminkalender auf Reisen ist für den Normalverbraucher des Acht-Stunden-Tags ein Marathon, bei dem eher Sprints eingelegt werden als Pausen.

Gesprächspartner mit wachen Ohren.

Immerhin denke ich, als er in der Residenz des Botschafters nur sehr mäßig dem kalten Büffet und den Getränken zuspricht, daß er sich bald zurückziehen wird. Gesprächspartner mit wachen Ohren und Röntgenaugen erwarten ihn am nächsten Morgen im Kreml.

Aber sieh da, der Späth läßt's ziemlich spät werden und hat sogar noch was vor. Was er nach dem offiziellen Empfang braucht, ist eine sehr schwäbische, und wie er meint, höchst bekömmliche Art von hemdsärmeliger Entspannung, die jedoch gleichzusetzen ist mit dem Spannen seiner ungewöhnlich starken und elastischen Antriebsfeder.

Er geht noch in eine schwäbische Wirtschaft. Das klingt zwar wie ein Witz, da man sich im Herzen Moskaus befindet. Aber Daimler-Benz hat es geschafft, eine solche Wirtschaft in seiner Moskauer Niederlassung einzurichten. Oh, sie ist bescheiden, im Vergleich zu denen, die die Untertürkheimer im westlichen Ausland unterhalten, aber sie wird wachsen in dem Maße, in dem sich die Geschäfte mit der Sowjetunion ausbauen lassen.

Auf jeden Fall hat Direktor Werner Niefer seine Improvisationskunst funkeln und sprühen lassen. Ein Sitzungszimmer ist in eine so echte »Baiz« verwandelt worden, daß alles nach Remstal riecht, nicht nur wegen Maultaschen, Laugenbretzeln und Trollinger. Und russische Gäste, die selbstverständlich auch dabei sind, bekommen große Nüstern, die so lustvoll schnuppern wie die des Präsidenten vom Bundesrat. Dem freilich keiner mehr dieses Amt ansieht. Es ist, als ob er es mit dem Nadelstreifenjackett über die Stuhllehne gehängt hätte. Und die Hemdsärmel gehen hoch und die Krawatte darf tiefer rutschen.

Und der Trollinger tut gut. Nicht, daß er zum großen Konkurrenzkampf gegen die treffliche Trockenheit der grusinischen Weine angetreten wäre, aber er läßt Heimat in die strapazierte Kehle laufen und erinnert mich an eines dieser flachsigen Gespräche, die man mit Lothar Späth allemal zu später Stunde führen kann. Über Spätburgunder hatten wir geredet, und foppen wollen hatte ich ihn mit dem Spruch, daß eine Sache, vor der »Spät(h)« stehe, von vornherein

Rettet sich vorm Regen, in China 1981.

nichts besonderes sein könne. Aber der Gefoppte bin ich gewesen, denn blitzschnell, wie ein Schuß aus der Hüfte, kam die Antwort: »Aber eine Sache, hinter der Späth steht, ist was, oder?«

Das ist Lothar Späth in einer Nußschale. Beim Flachs erholt er sich, und die Schlagfertigkeit muß er mit der Muttermilch eingesaugt haben.

Der Abend schreitet fort, der Trollinger nimmt ab, und es gibt Russen, die ihm nicht die gebührende Ehre erweisen. Seltsames bringen sie fertig. Sie lassen der Zunge keine Zeit zum mitspielen. Das Viertelesglas wird einmal angesetzt, dann ist es leer.

Dagegen schenkt Späth seiner sonst so flinken Zunge Zeitlupe, wenn er das Glas ansetzt. Das ist nicht schiere schwäbische Sparsamkeit, sondern mit Genußfreudigkeit gekoppelte Vernunft.

Beide Seiten ohne Samthandschuhe.

Mir scheint, daß er an diesem in die Nacht übergehenden Moskauer Abend in klarer Erkenntnis der Pflicht, die ihn im Kreml erwartete, ein kleines Privatvergnügen zum Entspannen und gleichzeitig zum Spannen dieser Feder brauchte, die ihn hineintreibt in immer neue Herausforderungen.
Und jetzt waren auch die Voraussetzungen geschaffen für den vergleichsweise kurzen Schlaf, der ihm genügt. Und für ein sehr intensives und langes Gespräch im Kleinen Sitzungssaal des Obersten Sowjets, zu dem beide Seiten ohne Samthandschuhe antraten. Der Bundesratspräsident verließ seinen ersten sowjetischen Prüfstand nicht mit wakkelnden Knien, und seine Gesprächspartner haben es ihm achtungsvoll bescheinigt.

Und bei den Moskauer Terminen, die folgten, war es nicht anders. Späths analytisches Denken und seine Kompetenz in Sachfragen aller Art machten ebenso Eindruck wie seine Vitalität, die so manchem zu wünschen wäre, wenn in Rußland, nach getaner Arbeit, ein Bankett überstanden werden muß. Da ist der Trinkspruch so heilig, daß das Wegstellen eines ungeleerten Glases zur Sünde wird, und es handelt sich um eine Religion, der auch Lenin nicht zuleibe zu rücken vermochte.

Da hält er ehrlich mit, der tapfre Schwabe.

Lothar Späth, der zwar durchaus andere Vorstellungen von Religion hat, gehört nicht zu denen, die bei solchen Gelegenheiten mit dem faulen Trick arbeiten, Wasser ins Glas zu tun, das bekanntlich farblich vom Wodka absolut nicht zu unterscheiden ist. Da hält er ehrlich mit und ist absolut der tapfre Schwob, der sich nicht forcht.

Auch das ist von den Gastgebern mit herzhafter Anerkennung registriert worden.

Aber es ist eine Stärke des Mannes, daß er sich kennt und seine Selbstdisziplin nicht zuschüttet. Bestätigt hat er's oft genug, und ein Beispiel von der gleichen Reise steht für viele andere.

Nachtzug Moskau-Kiew. Zwölf Stunden wird man fahren, und es ist 21 Uhr, als die Räder aus einer Bahnhofshalle rollen, die wie alle russichen Bahnhofshallen einem Ameisenhaufen gleicht, der in Zeitlupe wuselt. Verlangsamte Hektik könnte man's nennen, weil sie gebremst wird von dieser slawischen Gelassenheit, die so viel zu tun hat mit der russischen Seele und so ziemlich alles als unabänderlich hinnimmt. Zugverspätungen sind es bestimmt. Pure Logik sind sie schon wegen der riesigen Weite des Landes, auch wenn unsereinem Demut und Einsicht dafür fehlen.

Dafür imponiert uns die breitflächige Bequemlichkeit der Schlafwagen. In ihnen genießt man die größere Spurbreite der russischen Eisenbahn.

Im übrigen fahren wir nicht nur nach Kiew, sondern wir schaukeln auch. An die Tritte der Oma an die alte Kinderwiege wird man erinnert, und man muß schon höllisch aufpassen, um nichts zu verschütten, wenn die freundliche Aufwartefrau in hohen Gläsern den heißen Tee bringt. Dem Heidelberger Fabrikanten, der bei dieser großen baden-württembergischen Ausstellung in Moskau das von ihm ertüftelte System einer elastischen Befestigung von Gleisanlagen vorgestellt hat, winkt ein großes Geschäft. Extrem kalte Winter und ebenso heiße Sommer rütteln an diesen stählernen Lebensadern des gewaltigen Landes, und nolens volens hat der Passagier mitzuschaukeln.

Trotzdem können Russen Bücher lesen, die vor ihren Augen tanzen. In dem Abteil, das ich mit Hubert Locher vom Südwestfunk teile, wird allerdings nicht gelesen. Mit acht Leuten hat sich's gefüllt, vier auf jeder Seite. Und es kreist der mitgenommene Wodka, weil Journalisten in solchen Fällen vorsorgliche Leute sind.

Aber die Nacht ist lang, und als der Vorrat erschöpft ist, steuern Staatssekretär Kleinert und Justizminister Eyrich noch etwas bei aus einem Reptilienfonds, von dem keiner weiß, wie er in den Zug gekommen ist.

Einer lobt Späths vorzügliche Begleitmannschaft, die an alles denkt, und im übrigen denken alle, daß der Boss jetzt eigentlich selbst kommen müsse, weil er gemütliche Runden doch liebt und es erst auf Mitternacht zugeht. Oft genug ist's in Moskau später geworden.
»Mach ich«, sagt Matthias Kleinert spontan. Er muß nur vorgehen in den nächsten Wagen, aber zurück kommt er alleine, wie er gegangen ist. Ein Metzgersgang.

»Glaubt mir's, er hat sich's ernsthaft überlegt, ob er kommen soll«, sagt er. »Aber dann hat er gesagt, er kennt euch und er kennt sich und da morgen früh gleich volles Programm ist, will er lieber das Schaukelbett probieren als euren Wodka.«

Was natürlich richtig war und mehr über den Mann aussagt als tausend Zeilen. Rosig und mit dem wohlgefälligen Blick, mit dem Metzger manchmal unter ihrer Ladentür stehen, betrachtet er, federnden Schritts den Kiewer Bahnsteig betretend, einige Bleichgesichter, die entschieden mehr Mühe mit dem anstehenden Tagwerk haben werden als er.

Sein bester Reisebegleiter? Man darf ihn ohne Zweifel jugendliche Elastizität nennen, die fast unglaublich geringer Regenerationsphasen bedarf und ihm vieles erspart.

Beispielsweise auch den Kammerdiener. In seinem Hotelzimmer wird Lothar Späth zum Herrn Jedermann, der selbst aus- und einpackt und keinem pfeift, wenn der Koffer zur festgesetzten Zeit vor die Tür muß. Er läßt nichts liegen, aber oft genug nimmt er mehr mit als er gebracht hat, sei es ein Bild von der Moskauer Galeristin, mit der er in der Residenz des Botschafters französisch parliert hat, seien es zwei oder drei Krawatten, bei denen er allerdings Pariser Geschäfte denen von Moskau vorzieht.

Liebe für saure Kutteln und Bratkartoffeln.

Überhaupt liebt er französische Lebensart mehr als mancher denken mag, der um seine heimische Liebe für saure Kutteln und Bratkartoffeln plus Trollinger mit Lemberger weiß. An entsprechenden Tafeln wird er durchaus zum Gourmet, der kulinarisches Raffinement zu schätzen weiß, und schnell sind ein paar Dutzend Flaschen bestellt, wenn ihm ein besonders edler Tropfen auffällt. So findet manche Reise im Haus auf der Solitude ihren besinnlichen Nachklang.

Ausgeprägter Sinn für Wichtiges und Unwichtiges.

Daß es ihn nicht so oft sieht wie es seinen Vorgänger Filbinger gesehen hat, ist mit seiner Reiselust hinreichend erklärt. Sie hat bemerkenswerte Resultate gebracht und seinen ohnehin ausgeprägten Sinn für Wichtiges und Unwichtiges geschärft. Verplemperte Zeit, die sich schon einmal in seiner Anfangszeit als Ministerpräsident einschlich, ist ihm ein Greuel geworden, und mit seltenen Ausnahmen ist der Tag um Mitternacht vorbei, wie's die Uhr anzeigt.

Übrigens ist Späth kein Morgenmuffel, wiewohl sein Staatssekretär Kleinert von günstigen »späthen« Nachmittagsstunden spricht. Das meint er so: Wenn man ein sturmträchtiges Problem hat, das den Chef tunlichst bei guter Laune antreffen sollte, lasse man den Vormittag verstreichen und wähle den späten Nachmittag. In den meisten Fällen bewährt sich das Rezept.

Ein Allheilmittel gegen grantige Zornesausbrüche ist es freilich auch nicht. Aber da der Mann kein sauertöpfischer Rechthaber ist, handelt es sich um vorüberziehende Gewitter. Nachtragend ist er nicht. Das wird in der Villa Reitzenstein vom Pförtner bis zu denen bestätigt, die aufs Intensivste mit ihm zu tun haben. Das heißt freilich schon was. Büroschläfer, die vom Feierabend träumen, liegen schlecht im Rennen bei einem, der das Hochtourige der eigenen Aktivität um sich herum zu spüren wünscht und dem ein Riecher für Arbeit nachgesagt wird, der auch durch geschlossene Türen dringt.

Kultiviert aber hat er diese Nase auch für seine Auftritte, die ihn auf höhere Plattformen tragen als zu den Anfangszeiten, in denen er sich der landesväterlichen Imagepflege verpflichtet fühlte und jede Dorfkapelle zwischen Oden- und Hotzenwald dirigierte.

Vorträge vor großen Unternehmern. Vor Professoren.

Nicht, daß er sich heute zu gut dafür wäre. Entscheidend ist, daß er das Lächeln derer eingefroren hat, die ihm wegen solcher Dinge das provinzielle Wams angedichtet haben. Vorträge vor großen Unternehmern, deren wirtschaftliche Kenntnisse ins verästeltste Detail gehen, zeigen einen ebenso kompetenten Späth wie Vorträge vor Professoren, die gerne als Pächter ihrer Weisheit auftreten.

Unzweifelhaft hat die Reiselust, die nicht nur in oppositionellen, sondern auch in Unionskreisen wegen ihrer Intensität manch harsche Debatte in Gang brachte, eine Selbstsicherheit gefördert, die, was allzu menschlich ist, beim potenten Gegner zur Selbstherrlichkeit wird. Dies umso mehr, als man heute wirklich schon mit der Lupe arbeiten muß, um schwäbisches Understatement beim baden-württembergischen Landesvater zu finden.

Fast kalkuliert scheint es, wenn es sichtbar wird. Cleverle also? Es mag was dran sein, aber vielleicht ist mehr an der Übersetzung, die eine bedeutende amerikanische Zeitung draus gemacht hat: »Der kleine gescheite Mann.«

Oft gilt der Prophet draußen eben mehr als im eigenen Land, und an einer Feststellung, an deren Gewichtigkeit nicht zu rütteln ist, führt kein Weg vorbei: Hochkarätige ausländische Gesprächspartner sehen in Lothar Späth viel mehr einen bundesdeutschen Politiker mit bemerkenswerter Zukunft als den Ministerpräsidenten von Baden-Württemberg.

Reisen bildet, sagt man. Im Fall Späth wäre hinzuzufügen, daß er es vermocht hat, sein eigenes Bild gut in fremde Galerien zu stellen. Oder sagen wir clever, ohne Diminutiv. Aber wenn die Rede auf Bonn kommt, wird er sybillinisch und sagt höchstens, daß er es sich nur schwer vorstellen könne, mit 65 sein 25jähriges Jubiläum als Ministerpräsident von Baden-Württemberg zu feiern.

Redet und reist für den baden-württembergischen Erfolg.

Rechts oben: Gastgeber beim Europäischen Gipfel in Stuttgart 1983.
Rechts unten: Gast in Kuweit.

Häufig zu Besuch in den Vereinigten Staaten.
Links: Mit Präsident Ronald Reagan.
Rechts: Mit Henry Kissinger.

Nächste Seite: Im Weißen Haus mit Vizepräsident Bush.

Immer wieder zu Gesprächen und Geschäften in der Sowjet-Union.

Links: Vor dem Kloster Susdal.
Oben: Mit Wirtschaftsminister Martin Herzog auf der Baden-Württemberg-Ausstellung in Moskau.

Nächste Seite: Lothar Späth als Präsident des Bundesrates in Kiew.

Im Fernen Osten und Südamerika auf der Suche nach Kontakten und Kontrakten.

Ministerpräsident auf Mission für den Handel.
Oben: In einem Ausbildungszentrum in Sao Paulo und bei SEL in Malaysia.

Unten: bei Norwegens Ministerpräsident (rechts) in Oslo mit Daimler-Benz-Vorstandsmitglied Dr. Werner Niefer.

Seite 50/51: Der Bundespräsident in Stuttgart.
Privataudienz bei Papst Johannes Paul II.

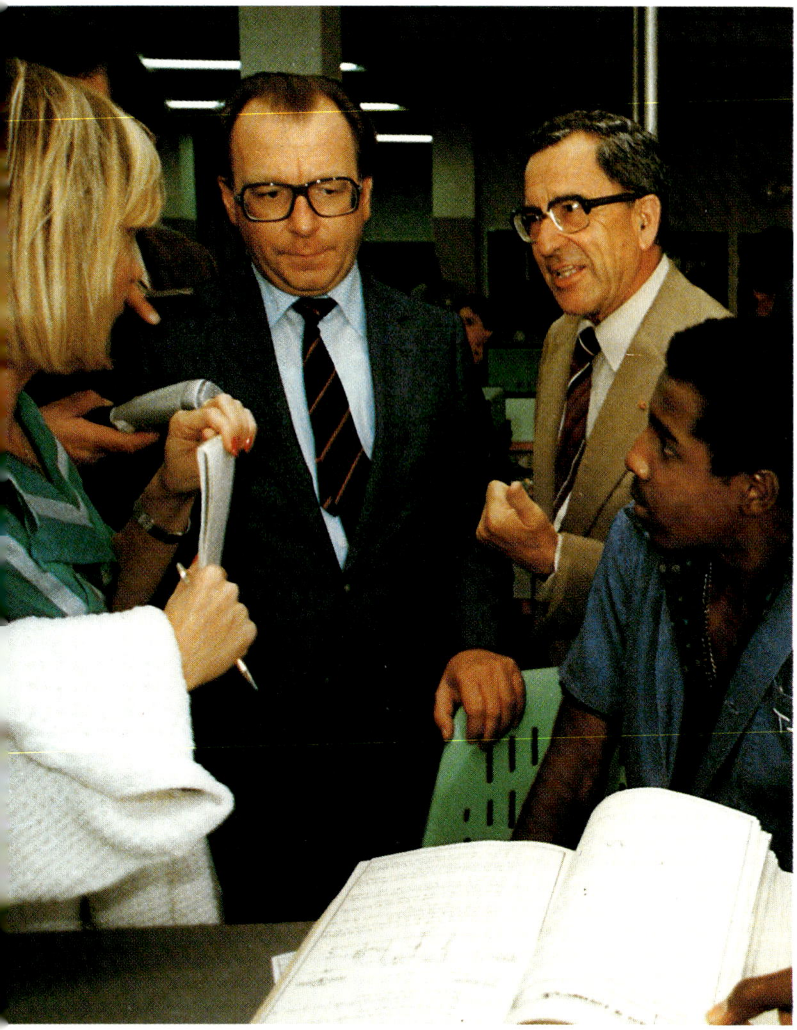

本赤十字社のため50円ご寄付くだされば一回抽せん
ドイツ博のおみやげを当ててお持ちかえりくだ

Luftwaffe
02

Staatsgäste in Stuttgart: Mutter Teresa und das schwedische Königspaar.

Technologiefan unter Technologiefachleuten.
Links: auf einem US-Flugzeugträger im Mittelmeer.
Rechts: in der deutschen Raumkapsel der Nasa mit Ulf Merbold und dem Stuttgarter IHK-Präsidenten Berthold Leibinger.

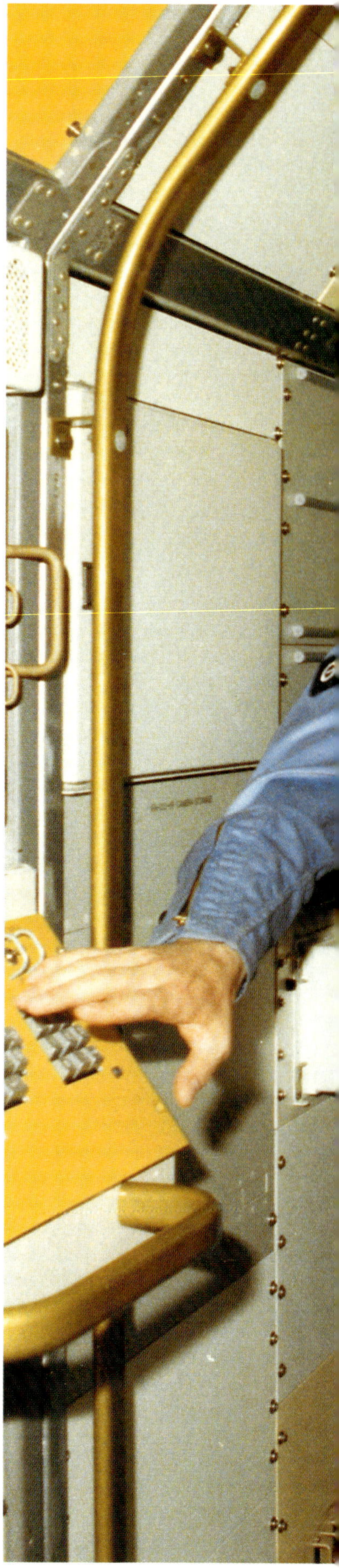

Baden-
Württemberg

»Heimat in Fülle«

Baden-Württemberg Mosaik einer Kulturlandschaft

von Hermann Baumhauer

»Mit dem Verlust der Heimat geht ein Stück menschlicher Existenz dahin. In der Heimat bleiben zu dürfen oder die Trennung von ihr ohne Zwang und aus freiem Entschluß vornehmen zu können, gehört zu den Grundbedingungen der Freiheit und Humanität.«

Lothar Späth weiß, wovon er spricht, wenn er den Artikel 2 der baden-württembergischen Landesverfassung mit dem Bekenntnis zum unveräußerlichen Menschenrecht auf die Heimat zitiert. Denn bis in die zweite Hälfte des 19. Jahrhunderts hinein war dieses ländlich strukturierte deutsche »Armenhaus«, das heute als das wirtschafts- und finanzstärkste deutsche Bundesland mit der höchsten industriellen Exportquote zum Partner aller Welt geworden ist, noch keineswegs überall bleibenswert. Beim Stuttgarter Festakt »100 Jahre Automobil« erinnerte er daran: »Noch zwischen 1850 und 1855, in den Jugendjahren von Gottlieb Daimler, Karl Benz und Wilhelm Maybach, haben mehr als 70000 Württemberger ihre Heimat aus existenzieller Not verlassen müssen. Der deutsche Südwesten 'exportierte' mehr Menschen als Waren, und damit ging unendlich viel Können, Wissen und Fleiß verloren.«

Vielfältiges Land

Bei solch säkularem Wandel kann eine Stipvisite bei Land und Leuten nicht ganz ohne ein Quentchen Rühmung auskommen. Die Landschaft macht es einem leicht, denn Baden-Württemberg ist ein abwechslungsreiches Land. Zwischen den großen geographischen Strukturen von Bodensee, Hochrhein und Oberrhein, von Neckar, Donau und Iller, von Schwarzwald, Odenwald und Schwäbischer Alb hat die Natur eine Vielzahl von Landschaftskammern eingerichtet, deren Unterschiedlichkeit überrascht.

Auf einer Landesfläche von 35751 Quadratkilometern, einem Gebiet so groß wie die Niederlande, findet sich für alles ein Plätzchen: für Gebirgsstöcke und weich modelliertes Schichtstufenland, für die Rebhänge und Fruchtgärten der Schwemmlandböden, die den Oberrhein begleiten, für die Steppenheiden und Höhlen der verkarsteten Alb und für die waldbestückten Moränenwälle der oberschwäbischen Eiszeitgletscher. An Tälern, Weihern, Rieden und Quellen ist in diesem waldreichen Erholungsland kein Mangel, und so markante Sonderlinge wie die Vulkankegel des Hegaus, der Hohenzollern oder der Kaiserstuhl sind nicht zu übersehen. Zwei Millionen Auslandsgäste pro Jahr wissen diese Landesvielfalt zu schätzen.
Farbenreich ist auch die Karte der Volkskultur. Mundart und Bräuche, Lebensgewohnheiten und religiöse Traditionen, Festkalender, Schmuckformen und Hauslandschaften stecken voll von regionalen Eigenheiten. Noch immer sind die großen Zonen der ursprünglichen Stammesanteile umgrenzbar: alemmannisch-schwäbische im Süden und fränkische gen Norden. Zwar haben geschichtliche Schicksale die Grundfarben in der unterschiedlichsten Weise gemischt. Glaubensflüchtlinge begründeten Dörfer. Fürstliche Unternehmen lockten mit Privilegien Kolonisten ins Land. Eisenbahn und moderne Industriegesellschaft brachten eine vordem unbekannte Mobilität. Und nach dem Naziterror und dem Zweiten Weltkrieg, die das jüdische Element gewaltsam aus dem südwestdeutschen Kulturbild getilgt hatten, veränderten Heimatvertriebene, Flüchtlinge und Gastarbeiter die Wohnbevölkerung in gravierender Weise. Vor allem die Heimatvertriebenen bereicherten die Landeskultur um eigengeprägte Traditionen.

So wirken heute in der Landesbevölkerung von rund 9,2 Millionen viele Einflüsse weiter, doch die historischen Grundfarben schlagen noch überall durch:
Die südalemannische Art im Breisgau und in Johann Peter Hebels Markgräflerland ist schwerlich mit der südostschwäbischen im »Himmelreich des Barock« südlich der Donau zu verwechseln. Mittelschwäbisches Wesen am Neckar ist von anderem Schlag als das allgäuische, auch wenn beide einen handfesten Pragmatismus gemeinsam haben. Und die regionale Spielart der ethnisch gemischten Pfälzer um die urbanen Schwerpunkte Heidelberg und Mannheim unterscheidet sich erheblich von der ländlicheren Natur ihrer fränkischen Vettern im Hohenlohischen, wo zwischen den vier Eckstädten Schwäbisch Hall und Heilbronn, Bad Mergentheim und Crailsheim sich die Region Franken gegen den Nivellierungssog der Arbeitswelt und beengende schwäbische Umarmungen behauptet.

Vieler Herren Flickenteppich

In dieser Vielseitigkeit der südwestdeutschen Lande widerspiegeln sich auch die Wirkungen einer besonderen politischen Geschichte: des Partikularismus. Mit der Hinrichtung Konradins in Neapel war 1268 das staufische Herzogtum Schwaben erloschen. Begünstigt von vielerlei Faktoren entwickelte sich danach das Land im Rahmen des Heiligen Römischen Reiches deutscher Nation zu einem Mosaik von ungewöhnlicher Zersplitterung. Rund 400 selbständige Herrschaften bestimmten ein halbes Jahrtausend lang über Wohl und Wehe, Weltluft oder Abschließung, Fortschritt oder Unbeweglichkeit in ihren Parzellen; seit der Reformation lenkten sie vielfach auch das religiöse Leben ihrer Untertanen.

Weltliche und geistliche, reichsstädtische und reichsritterschaftliche Territorien, wechselhafte Kondominate und hausmachtbewußte Hochadelsgeschlechter wie die Grafen von Württemberg, die Kurfürsten von der Pfalz, die Markgrafen von Baden-Durlach und Baden-Baden oder die Habsburger in Vorderösterreich prägten dem gescheckten Bild überall andere Farben ein. Und diese wirkten lange nach, denn 500 Jahre sind eine lange Zeit.

Zwei Mittelstaaten: Baden und Württemberg

Die Länderschübe der napoleonischen Zeit haben im ersten Jahrzehnt des 19. Jahrhunderts dem politischen Mosaik ein En-

de gemacht, indem sie zwei Mittelstaaten schufen: das Großherzogtum Baden und das Königreich Württemberg.
Die seit 1771 vereinigten badischen Markgrafschaften wurden dabei im Norden um die rechtsrheinische Kurpfalz, im Süden über den Breisgau hinaus bis zum Bodensee hin vergrößert: ihre Landesfläche wuchs um das Vierfache von 3900 auf 14000 Quadratkilometer, und die Einwohnerzahl versechsfachte sich von 165000 auf über 900000. Das evangelische Württemberg verdoppelte, vornehmlich durch Zugewinne im katholischen Ost- und Oberschwaben, seine Fläche von 9500 auf 19500 Quadratkilometer, und seine Untertanenzahl schnellte von 600000 auf 1340000 hoch.

Der Kraftakt dieses durch Kultur- und Blutverluste teuer bezahlten Länderschachers ließ zwei lebensfähige Mittelstaaten entstehen. Aber da die einverleibten säkularisierten und mediatisierten Gebiete aus den unterschiedlichsten geschichtlichen, religiösen und kulturellen Traditionen kamen, wurde die ererbte Mannigfaltigkeit des südwestdeutschen Flickenteppichs über Nacht zum Problem der Integration.

Einheit im System oder Einheit in Vielfalt?

So hat das ungeschriebene Ideal der bürokratischen »Einheit im System«, das auch die Kirche in die volle Souveränität des bürgerlichen Staates eingebunden und das Schulwesen den Bildungszielen des Liberalismus verpflichtet wissen wollte, im 19. Jahrhundert vor allem im mehrheitlich katholischen Baden zu Kulturkampfkonflikten geführt. Auch das Königreich Württemberg mußte mit Spannungen fertigwerden.

Doch das Jahrhundert der freisinnigen Verfassungen, das den beiden süddeutschen Staaten den Ruf fortschrittlicher »Musterländle« eintrug, die Zeit der freiheitlichen Bewegungen, die gerade im Südwesten ein starkes Echo fanden, und die länderverbindenden Entwicklungen in Verkehr, Industrie und Zollpolitik gaben ebenso auch den einigenden Kräften ihre Chancen.

Sie fanden sich überall: Dichter und Maler, wandernde Schriftsteller und Bildverlage entdeckten Eigenart und Leben der süddeutschen Landschaften. Die romantische Freude an Sage, Lied und Geschichte, an Traditionen, Natur und Kreatur verband die Dichterkreise von Heidelberg mit den Freunden des Weinsberger Justinus-Kerner-Hauses und den Tübinger »Stiftlern«. Bald erschienen ins Volk wirkende Liedersammlungen. In Baden wurden Johann Peter Hebels »Alemannische Gedichte« zum Allgemeingut, und in Württemberg bereitete man die ersten Oberamtsbeschreibungen vor, eine in ihrer integrierenden Wirkung gern unterschätzte staatliche Unternehmung.

Sammelwerke von Burgen und Baudenkmälern, volkskundliche Studien und Kalender, Naturbeschreibungen und Reisebücher folgten und öffneten Augen und Herz für die Vielfalt der Reize einer alten, gewachsenen Kulturlandschaft. »Heimat in Fülle« – es war Eduard Mörike, der das rechte Wort dafür fand.

»Lebendige Kontinuität macht Geschichte aus«

Die Zeit hat in Mörikes Sinn gearbeitet. Sie hat das bürokratische Motto von der »Einheit im System« längst ersetzt durch die Freude an einer föderativen »Einheit in Vielfalt«. Deren landsmannschaftliche Merkmale zu erhalten und als beheimatende und solidarisierende Kraft zu nützen, hat sich eine von Region zu Region breit entfaltete Kulturpflege zur Aufgabe gemacht hat.

Rund 600 Heimatmuseen, Freilandmuseen und Bauernhausstraßen in den charakteristischen alten Hauslandschaften, Heimattage und Landeskunstwochen, Landeswettbewerbe zur Dorfgestaltung, eine Fülle von kommunalen Bürgeraktionen, deren bemerkenswerteste der Ministerpräsident auszeichnet, ein Denkmalnutzungsprogramm und ungezählte Erhaltungsarbeiten an Baudenkmälern und in historischen Stadtkernen geben landauf und landab davon Zeugnis. Sie haben das Land Jahr für Jahr schöner gemacht.
Lothar Späth dazu:

»Dabei verstehen diese Menschen Geschichte nicht als Programm, wohl aber als Bedingung der künftigen Ereignisse und Entwicklungen. Ohne Herkunft gibt es keine Zukunft, denn ein Wesen ohne Erinnerungen kann keine Entwürfe machen. Geschichte ist jenes Kontinuum, das aus der Vergangenheit durch die Gegenwart in die Zukunft führt. Sie ist also immer auf die eine oder andere Weise lebendig, ja diese lebendige Kontinuität macht Geschichte erst eigentlich aus.«

Kultur braucht Weltluft

Doch wo von der Mannigfaltigkeit einer Kulturlandschaft die Rede ist, ist auch ihre nachbarschaftliche Einbindung mitzubedenken. Denn keine Kultur von hohem Anspruch reift und blüht isoliert. Sie gewinnt ihre Lebendigkeit aus einem ständigen Prozeß des Gebens und Nehmens, der Aneignung und Vermittlung von Errungenschaften des Geistes über nahe und ferne Grenzen hinweg. Jedes wichtige Kapitel der südwestdeutschen Kulturgeschichte bestätigt es.

Die ältesten Belege kommen vom Bodensee. Die wagnisfreudige Entschiedenheit der frühen Missionare mit fränkisch-burgundischem Ordnungswillen verschmelzend, reiften dort vom 8. Jahrhundert an die Klöster St. Gallen und Reichenau zu Kulturzellen von erweckender Ausstrahlung heran.

Da in der klösterlichen Saatzeit des Christentums das liturgische Buch der eigentliche Mittler künstlerischer Ausdrucksformen war und die Reichenauer Buchmalerei der ottonischen Zeit (919 – 1024) durch Höchstleistungen geistiger Verdichtung Maßstäbe setzte, zählt die reichenauische Buchkunst zum Wiegengeschenk der deutschen Kultur- und Kunstgeschichte.

Eine zweite europäische Stunde schwäbischer Kulturgeschichte trägt die Namen dreier Fürstengeschlechter, die das 12. Jahrhundert zum »schwäbischen Jahrhundert« des Heiligen Römischen Reiches deutscher Nation machten: der Zähringer, der Welfen und der Staufer.

Die Zähringer Herzöge aus dem Breisgau, erfahrene Städtegründer und Marktorganisatoren bei der Erschließung des Schwarzwalds und Ahnherren der Markgrafen von Baden, haben als Reichsvögte und Statthalter in Hochburgund auch mancher schweizerischen Stadt ins Leben verholfen. Der Zähringer Stadttypus des langgestreckten Straßenmarkts wurde zum »epochalen Modell«, die zähringische Stadtrechtspolitik gilt manchem Historiker als weithin ausstrahlende, auch von burgundischen Erfahrungen zehrende Leistung.

Die Welfen, Stifter der Klöster Weingarten in ihrem oberschwäbischen Stammland und des Klosters Allerheiligen im Schwarzwald, nahmen Blut und Kultur des italienischen Fürstenhauses Este auf. Als alte Stauferfeinde von Barbarossa aus Oberschwaben verdrängt, verlagerte sich ihr Ehrgeiz nach Niedersachsen. Die großen Pfeilerbasiliken von Braunschweig, Ratzeburg und Lübeck sind Schöpfungen Heinrich des Löwen.

Die europäische Bedeutung der schwäbischen Staufer skizzieren zu wollen, hieße Eulen nach Athen tragen. Auch wenn ihren Kaisern die erträumte universale Geltung versagt blieb, so war ihr Reich doch der rührigste Umschlagplatz der Ideen und Bewegungen, die im 12. und 13. Jahrhundert für die Kultur Europas wegbestimmend wurden. Unter dem allesüberschattenden Gewölbe des hochmittelalterlichen Papst-Kaiser-Konflikts vollzog sich damals ein ehrgeiziger Prozeß des Gebens und Nehmens, dem ganz Deutschland viel verdankt.

Die Minnelyrik der Provence und die ästhetischen und sittlichen Ideale des französischen Rittertums, italienische Stadtrechtserfahrungen und Genossenschaftsgedanken, das »Wagnis der Vernunft« in den Universitäten Italiens und im Geisteszentrum Paris, die Kulturen des byzantinischen Kaiserreichs und des Islam – es rückte damals alles zum Greifen nahe. Eine neuartige Freude an Weltlichkeit und Ebenbürtigkeit machte die staufische Epoche zur fruchtbarsten Zeit der innereuropäischen Formenwanderungen in Kunst, Literatur und Lebenskultur.

Geben und Nehmen über die Grenzen hinweg

So kann es nicht verwundern, daß Aneignung und Vermittlung zu Leitworten der südwestdeutschen Kultur- und Kunstgeschichte wurden, nachdem das staufische Herzogtum Schwaben fast über Nacht in kleine Territorien zerfallen war.

Die Blütezeit der Städte vom 14. bis 16. Jahrhundert, ihr Wetteifer um Geltung, Stadtbild und Stadtkirche gaben dem Kunstsinn manche Chance, über die allzu engen Grenzen hinauszublicken. Die Münster von Freiburg und Ulm, am Oberrhein und am Bodensee, die Hallenkirchen von Schwäbisch Gmünd und Herrenberg, der »blühende Garten der Neckargotik« von Wimpfen bis Esslingen und von Reutlingen bis Rottweil, die Klosterkirche von Salem und die spätgotischen Schatztruhen von Creglingen, Tiefenbronn und Lautenbach, – sie alle nahmen unablässig in- und ausländische Anregungen auf, um sie in Eigenes umzusetzen.

Die Besten und das Beste gab man weiter: Die Baumeistersippe der Parler aus Schwäbisch Gmünd wirkte in Prag, Ulm, Freiburg und Mailand, und die Sippe der Ensinger baute in Ulm und Straßburg, Esslingen, Bern und Konstanz. Dem neue Wege erschließenden Realismus des Rottweiler Malers Konrad Witz haben sich Basel und Genf geöffnet. Der aus Meersburg stammende Stephan Lochner wurde zum Hauptmeister der kölnischen Malerei, und im Herbst des Mittelalters lieferten die Ulmer Altarmeister, die ihrerseits nicht wenig von den Niederländern gelernt hatten, kostbare Flügelaltäre und Figurenschreine bis in ferne Alpentäler; Hans Multschers Sterzinger Altar mag für alle stehen.

Auch eine schenkende Stunde der württembergischen Reformationsgeschichte sei nicht übersehen. Sie schlug zur selben Zeit, als im Heidelberger Schloß der Kurfürsten von der Pfalz der Ottheinrichsbau italienische und niederländische Formentypen ins Land holte und zum Glanzstück süddeutscher Renaissance-Baukunst wurde. Sie gehörte den Schöpfern der Großen Kirchenordnung von 1559: Herzog Christoph und seinem Berater, dem Reformator Johannes Brenz. Das Vorbild von Württembergs ausgewogener Kirchenorganisation bestimmte nach dem Urteil von Hans-Martin Maurer »die Struktur der evangelischen Kirche in Deutschland für Jahrhunderte und beeinflußte infolge der engen Verbindung von Kirche und Territorialherrschaft auch den staatlichen Organismus der landesherrlichen Territorien.«

Ohne den Meister- und Erfahrungsaustausch zwischen den Nationen Italien, Österreich und Frankreich wären die Monumentalprojekte der südwestdeutschen Schloß- und Klosterbauten und das Blütenwunder der schwäbisch-fränkischen Barock- und Rokokokirchen wohl kaum möglich geworden. Und hatten nicht auch die im 19. Jahrhundert ausgebildeten Grundwerte demokratischer politischer Kultur – Freiheit, Solidarität und Gerechtigkeit – ihren Mutterboden in den Freiheitsbewegungen der frsanzösischen Nachbarn?

Die säkulare Herausforderung Europas

Damit genug der historischen Beispiele, die Baden-Württembergs Kulturgesicht und auch Europas Selbstverständnis mitgeprägt haben. Denn die Zeit des fakultativen Gebens und Nehmens über die Grenzen hinweg ist dahin. Längst haben sachliche Interessenverflechtungen und existentielle Abhänigkeiten sie abgelöst und unter dem Druck neuer Technologien eine enge und kontinuierliche Zusammenarbeit der freien europäischen Völker unverzichtbar gemacht:

Technologien eine enge und kontinuierliche Zusammenarbeit der freien europäischen Völker unverzichtbar gemacht: »Daß Europa sich einer technologischen Jahrhundert-Herausforderung gegenübersieht und daß es diese Herausforderung nur bestehen kann, wenn es eine echte Forschungs- und Technologiegemeinschaft zu werden vermag, darf als unbestritten gelten.« (Lothar Späth)

Baden-Württembergs vitales Interesse am Bestehen dieser Herausforderung liegt auf der Hand. Wo jeder sechste Arbeitsplatz in der Gesamtwirtschaft und jeder dritte im verarbeitenden Gewerbe vom Export abhängig ist, lauert weltweit die Konkurrenz mit der ganzen Unberechenbarkeit der Weltmarktbedingungen in der Haustür.

Eventualitäten muß man zuvorkommen. Und dazu bedarf es vorausschauender Strategie. Anfang Februar 1983 berief daher die Landesregierung unter Ministerpräsident Lothar Späth die Kommission »Zukunftsperspektiven gesellschaftlicher Entwicklungen«. Ihre 21 Wissenschaftler lieferten eine ganzheitliche Röntgenaufnahme. Diese bestätigte zwar einen gewissen Vertrauensschwund in die Zukunftsfähigkeit der wissenschaftlich-technischen Zivilisation, aber ihre Aussage zur Alltagskultur in der Bundesrepublik würdigte auch »die außerordentlich vitalen kulturellen Lebensweisen des Volkes und die vielen Optionen, die sich in einer offenen Gesellschaft bieten.« Als Beitrag zum gesellschaftlichen Bewußtsein widerspricht das Fazit des Gutachtens dem pessimistischen »Grau in Grau, das sich z. Zt. in öffentlichen und veröffentlichten Kulturphilosophien nur allzu häufig äußert.«

Der Geist dieses sachlichen europäischen Pragmatismus kennzeichnet auch das im Herbst 1985 bei Rowohlt erschienene Buch von Lothar Späth »Wende in die Zukunft«. Es sind Überlegungen über die »Bundesrepublik auf dem Weg in die Informationsgesellschaft«, die der Verfasser selbst als eine Art »aufgeschriebenes Lernprotokoll« bezeichnet.

Wende in die Zukunft

Das Bild der Alltagskultur, das Lothar Späth darin von einer künftigen Industrienation entwirft, denkt Entwicklungen weiter, die mit Mikrochips und Computer begonnen haben: Länder, die überleben wollen, kommen an hochtechnologischer Ausrüstung nicht mehr vorbei. Sie entwickeln sich dadurch zu »Informationsgesellschaften«, die alle Routinearbeit »ohne Selbsterfahrungswert« an die Kompetenz technischer Sklaven abtreten.

Mit der so gewonnen »Freizeit«, die im Hinblick auf die hohen Anforderungen zu einem guten Teil auch Lernzeit sein werde, werde das Bedürfnis nach kulturellem und sozialem Engagement kräftig wachsen und vor allem die Dienstleistungsbereiche vermehren und differenzieren. Der mit weltweiter Erfahrung ausgestattete Managertyp Späth, dessen »Denken in Systemen und Netzen« die kühle Analyse der kühnen Hypothese zu verschwistern fähig ist, hat dabei ein Europa vor Augen, das seine Energien zwar in einer Forschungs- und Technologiegemeinschaft bündelt, seine individuelle Stärke aber, kulturgeschichtlicher Erfahrung gemäß, weiterhin in der dezentralen, kreativen und spontanen Vielfalt besitzt.

Der Humanist verleugnet sich dabei nicht. Späth erblickt in der »Wiederentdeckung des menschlichen Faktors« ein Hauptziel aller Überlegungen zu alten Werten und neuen Ordnungen. So traut das Kapitel »Versöhnungsgesellschaft« einer Geisteswissenschaft, die Naturwissenschaft und Technik kritisch begleitet, eine »enorme kulturstabilisierende Bedeutung« zu, und das Schlußkapitel bezieht die Frage nach dem Schicksal der hungernden Welt in die Zukunftspflichten des in seiner Geschichte so oft schuldig gewordenen Europa mit ein: »Afrikas Erde wieder ertragreich zu machen, wäre eine bio- und umwelttechnische Vision, welche die Forschung nicht weniger anspornen würde als andere industrie- oder sicherheitspolitische Großprojekte.«

So sind Technologietransfer, Forschungs- und Wissenschaftsverbünde, veränderte Produktionsbedingungen, neue Kommunikationsstrukturen, dynamische Märkte und »Aufbruch in ein neues unternehmerisches Zeitalter« seit dem Stuttgarter Gipfel zu Lieblingsthemen des baden-württembergischen Ministerpräsidenten geworden. Grundlegende Reden u. a. auf dem Symposium »Europa 2000« des Europäischen Parlaments in Straßburg (7. 10.), vor dem Aspen-Institut Berlin (29. 10.) und dem Deutsch-Französischen Institut Stuttgart (31. 10.) erwiesen sich 1985 als überzeugende Plädoyers für einen sachlichen europäischen Pragmatismus, dem zwar ein historisch abgesichertes Kulturbild voll hoher Traditionswerte zugrundeliegt, das aber mit Vehemenz in die Zukunft drängt.

Baden-Württemberg, ein Bundesland mit 9 Universitäten, 9 Fachhochschulen und 15 Pädagogischen und Kunsthochschulen, das überdies mit 80 000 Personen in der öffentlichen und privatwirtschaftlichen Forschung die größte Forschungsdichte in der Bundesrepublik aufweist, ist bereits in bestem Zuge, diese technologische Jahrhundertherausforderung in seine »Alltagskultur« hineinzuholen. Nicht weniger als 40 Hochschulpartnerschaften mit Frankreich, eine Fülle grenzüberschreitender Kontakte und Kooperationen, gemeinsame Vorbereitungen zur Laser-Forschung, zu Luftschadstoff-Messungen, zu einem kontinentalen Tiefbohrprogramm und Projekte wie das deutsch-französische Institut für Automation und Robotik in Karlsruhe sind ermutigende Hinweise darauf. Sie bestätigen die Zuversicht des Ministerpräsidenten: »Die Regionen im Herzen Europas rücken sichtbar zusammen. Sie sind willens, gemeinsam ihre Zukunftschancen zu ergreifen und damit für Europa ein Zeichen der Hoffnung und der Vitalität zu setzen.«

Lothar Späth.

Ministerpräsident des Landes Baden-Württemberg

Geboren am 16. November 1937 in Sigmaringen; evangelisch, verheiratet, zwei Kinder. Volksschule in Ilsfeld, Oberschule in Beilstein und Heilbronn.

1953 – 1958 Ausbildung im Verwaltungsdienst bei den Gemeindeverwaltungen Gronau und Schmidhausen, bei der Stadt Giengen an der Brenz und beim Landratsamt Mergentheim.

1958/59 Staatliche Verwaltungsschule in Stuttgart.

1960 zur Finanzverwaltung der Stadt Bietigheim.

Ab 1965 Beigeordneter und Finanzreferent und ab 1967 Bürgermeister der Stadt Bietigheim.

Von 1970 – 1974 Geschäftsführer der Neuen Heimat Baden-Württemberg in Stuttgart und Vorstandsmitglied der Neuen Heimat Hamburg.

Von 1970 – 1977 Aufsichtsrats- bzw. Vorstandsmitglied der Firma Baresel AG, Stuttgart.

Seit Juni 1968 Mitglied des Landtags von Baden-Württemberg.

Vorsitzender der CDU-Fraktion im Landtag von Baden-Württemberg von Mai 1972 bis Februar 1978.

Von 1977 – 1979 stellvertretender Landesvorsitzender der CDU Baden-Württemberg; seit Juli 1979 Landesvorsitzender der CDU Baden-Württemberg.

Seit 9. März 1981 stellvertretender Vorsitzender der CDU Deutschland.

Vom 22. Februar 1978 bis 30. August 1978 Innenminister des Landes Baden-Württemberg.

Der Landtag von Baden-Württemberg wählte Lothar Späth am 30. August 1978 zum Ministerpräsidenten des Landes Baden-Württemberg.

Am 4. Juni 1980 und am 6. Juni 1984 Wiederwahl zum Ministerpräsidenten des Landes Baden-Württemberg.

Vom 1. November 1984 bis 31. Oktober 1985 Präsident des Deutschen Bundesrates.

Ehrendoktorwürde der Wirtschaftswissenschaftlichen Fakultät der Universität Fridericiana zu Karlsruhe (22. 6. 1984).

Printed in Germany.
Herausgeber:
Dr. Brodbeck & Maier GmbH,
Bietigheim-Bissingen,
verantwortlich: Rolf Maier.
Redaktion:
Rolf Maier, Löchgau
und Burghard Hüdig DGPh., Stuttgart.
Fotos:
Burghard Hüdig DGPh., Stuttgart.
Kurt Eppler, Stuttgart.
Jörg-Peter Maucher, Stuttgart.
Dr. Brodbeck & Maier,
Bietigheim-Bissingen
Alfred Drossel, Bietigheim-Bissingen
J. H. Darchinger, Bonn.
Autoren:
Sibylle Krause-Burger, Stuttgart.
Hans Blickensdörfer, Hochdorf.
Prof. Dr. Hermann Baumhauer, Aalen.
Gestaltung:
Dr. Brodbeck & Maier GmbH,
Bietigheim-Bissingen.
Entwurf und Idee Titel:
hace BDG, Stuttgart.
Layout:
Werner K. Weil, Filderstadt.
Satz:
Berthold Bender GmbH,
Bietigheim-Bissingen.
Reproduktionen:
time scan Reproduktionen GmbH,
Leinfelden-Echterdingen 2.
Herstellung:
SVA-Süddeutsche Verlagsanstalt und
Druckerei GmbH, Ludwigsburg

CIP-Kurztitelaufnahme
der Deutschen Bibliothek
Lothar Späth:
Impressionen, Texte, Bilder/
[Hrsg.: Dr. Brodbeck & Maier GmbH,
Bietigheim-Bissingen.
Red.: Rolf Maier. Autoren: Sibylle
Krause-Burger . . .]. –
Stuttgart: Bonn Aktuell, 1986.
NE: Krause-Burger, Sibylle [Mitverf.];
Doktor-Brodbeck-und-Maier-GmbH
<Bietigheim-Bissingen>
ISBN: 3-87959-302-7